Ballenas y delfines

Primera Edición: 2006
Segunda Edición: 2008

ISBN 84-96252-75-2

Título original: Whales and Dolphins
Edición original: Kingfisher Publications Plc
Revisión de esta edición: Elena R. Orta (TXT Servicios editoriales)
Traducción, adaptación y diseño de interiores: Alquimia Ediciones, S.A. de C.V.

Agradecimientos
La editorial quisiera agradecer a aquellos que permitieron la reproducción de las imágenes. Se han tomado todos los cuidados para contactar con los propietarios de los derechos de las mismas. Sin embargo, si hubiese habido una omisión o fallo la editorial se disculpa de antemano y se compromete, si es informada, a hacer las correcciones pertinentes en una siguiente edición.
i = inferior; ii = inferior izquierda; id = inferior derecha; c = centro; ci = centro izquierda; cd = centro derecha; s = superior; sd = superior derecha; d = derecha

Fotos: *portada* Seapics/Doug Perrine; 1 Seapics/Masa Ushioda; 2–3 Getty/Taxi; 4–5 Nature pl/Brandon Cole; 6 Minden/Flip Nicklin; 7s Seapics/Armin Maywald; 7i Seapics/Doug Perrine; 8–9 Seapics/Doug Perrine; 8i Nature pl/Sue Flood; 9i Seapics/Ingrid Visser; 10 Minden/Flip Nicklin; 11s Seapics/David B Fleetham; 11c Seapics/Mark Conlin; 11i OSF/David Fleetham; 12i Seapics/Michael S Nolan; 13s Minden/Mitsuaki Iwago; 14–15 Corbis/Craig Tuttle; 15s Seapics/Doug Perrine; 15d Corbis/Lester V Bergman; 15i Seapics/Doug Perrine; 16–17 Alamy; 17s Seapics/Hiroya Minakuchi; 17*i* Seapics/Masa Ushioda; 18–19 Seapics/Duncan Murrell; 19s Seapics/Philip Colla; 20–21 Minden/Flip Nicklin; 20i Ardea; 22–23 SeaQuest; 23i Seapics; 24–25 Minden Flip Nicklin; 25s Seapics/Masa Ushioda; 25i Seapics Xavier Safont; 26i Seapics Hiroya Minakuchi; 26–27 Seapics Masa Ushioda; 27s Seapics Robert L Pitman; 28i Seapics/James D Watt; 29s Seapics/Bob Cranston; 30–31 Seapics/Doug Perrine; 31s Seapics/James D Watt; 31i Seapics/Masa Ushioda; 32–33 Seapic; 32i Seapics/Hiroya Minakuchi; 33s Seapics/John KB Ford; 34 Minden/Flip Nicklin; 35s Corbis; 35i AA; 36–37 SeaQuest; 36c Corbis/Peter Turnley; 38–39 Seapics/Phillip Colla; 39s Minden/Flip Nicklin; 39i Minden/Flip Nicklin; 40–41 Minden/Mike Parry; 41 Corbis; 49 Minden/Flip Nicklin.

Fotografías por encargo en páginas 42–47 de Andy Crawford
Coordinadora de proyecto y fotografía: Miranda Kennedy
Gracias a los modelos Lewis Manu, Adam Dyer y Rebecca Roper

Impreso en China/ Printed in China.

Ballenas y delfines

Caroline Harris

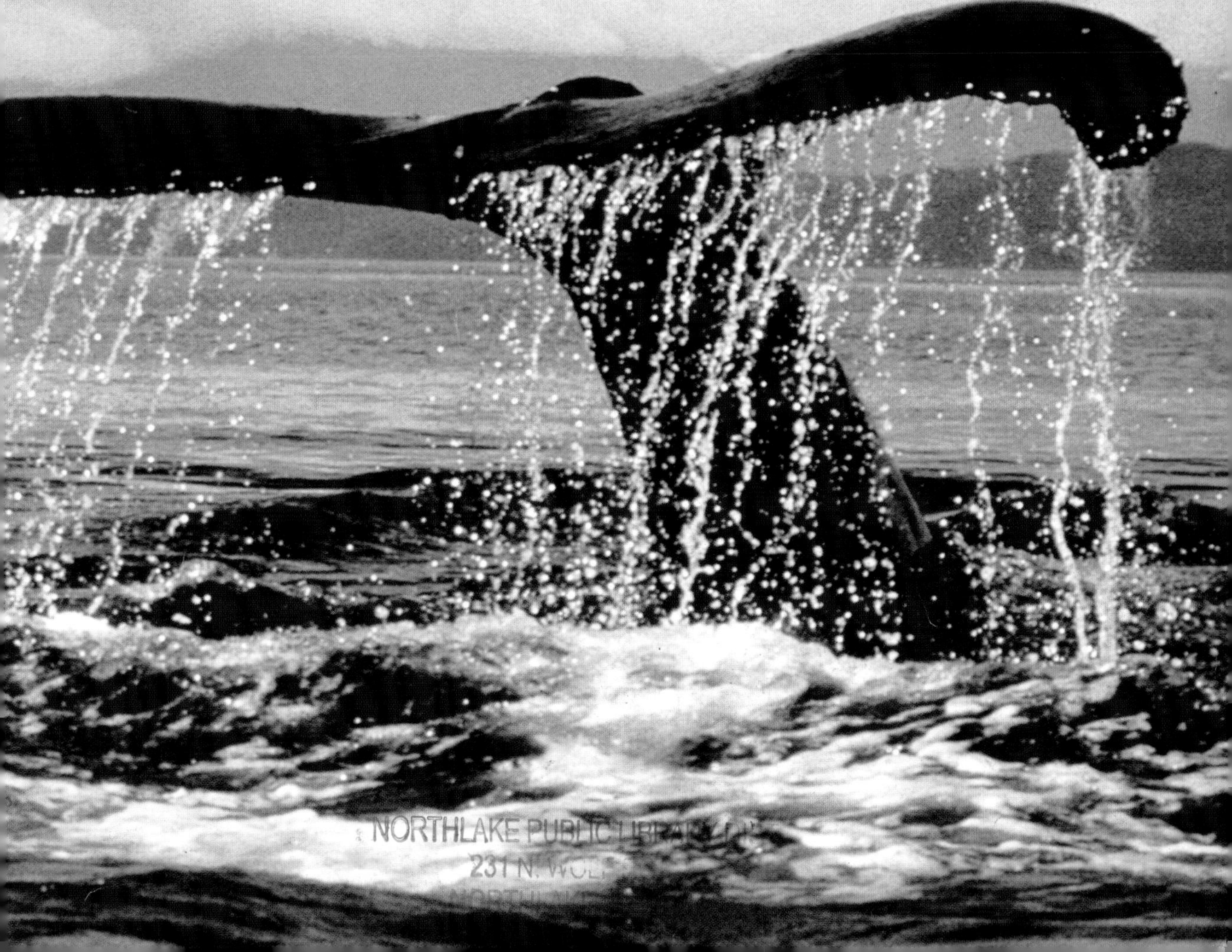

Contenido

¿Qué son las ballenas y los delfines?

Las ballenas y los delfines son mamíferos que viven en el agua. Son de sangre caliente y para respirar salen a la superficie.

Cuidados maternales

Una mamá delfín suele tener una sola cría. La cría nada junto a la madre durante las primeras semanas de vida.

mamíferos – *animales de sangre caliente que amamantan a sus crías*

Rostros peludos

La mayoría de los mamíferos están cubiertos de piel o pelo. La piel de esta marsopa es tersa, pero algunos cetáceos jóvenes y adultos aún presentan pelo.

Longevos

Los delfines pueden vivir 50 años, pero algunas ballenas, como la ballena franca del sur que ves aquí, pueden vivir ¡hasta 100 años!

cetáceo *– nombre que se da a ballenas, delfines y marsopas*

Por todo el mundo

Hay más de 80 tipos de ballenas, delfines y marsopas. Viven en todo el mundo, en los océanos helados, en los mares tropicales e incluso en los ríos.

Blanco hielo

A la beluga también se la llama ballena blanca. Habita en los helados mares del Ártico de Canadá, Alaska y Rusia.

trópico *– área caliente y seca cercana al ecuador*

Ballenas por doquier

Los cachalotes viven en todos los océanos. Las hembras y sus crías permanecen en áreas tropicales, mientras los machos van al Ártico y Antártico a comer.

De aguas tibias

El delfín común se encuentra en muchos océanos y mares. Prefiere las aguas tibias y por lo tanto no nada ni muy al norte ni muy al sur.

Seres asombrosos

Ballenas y delfines tienen formas y tamaños increíbles. ¿Sabías que la ballena es el animal más grande de la Tierra?

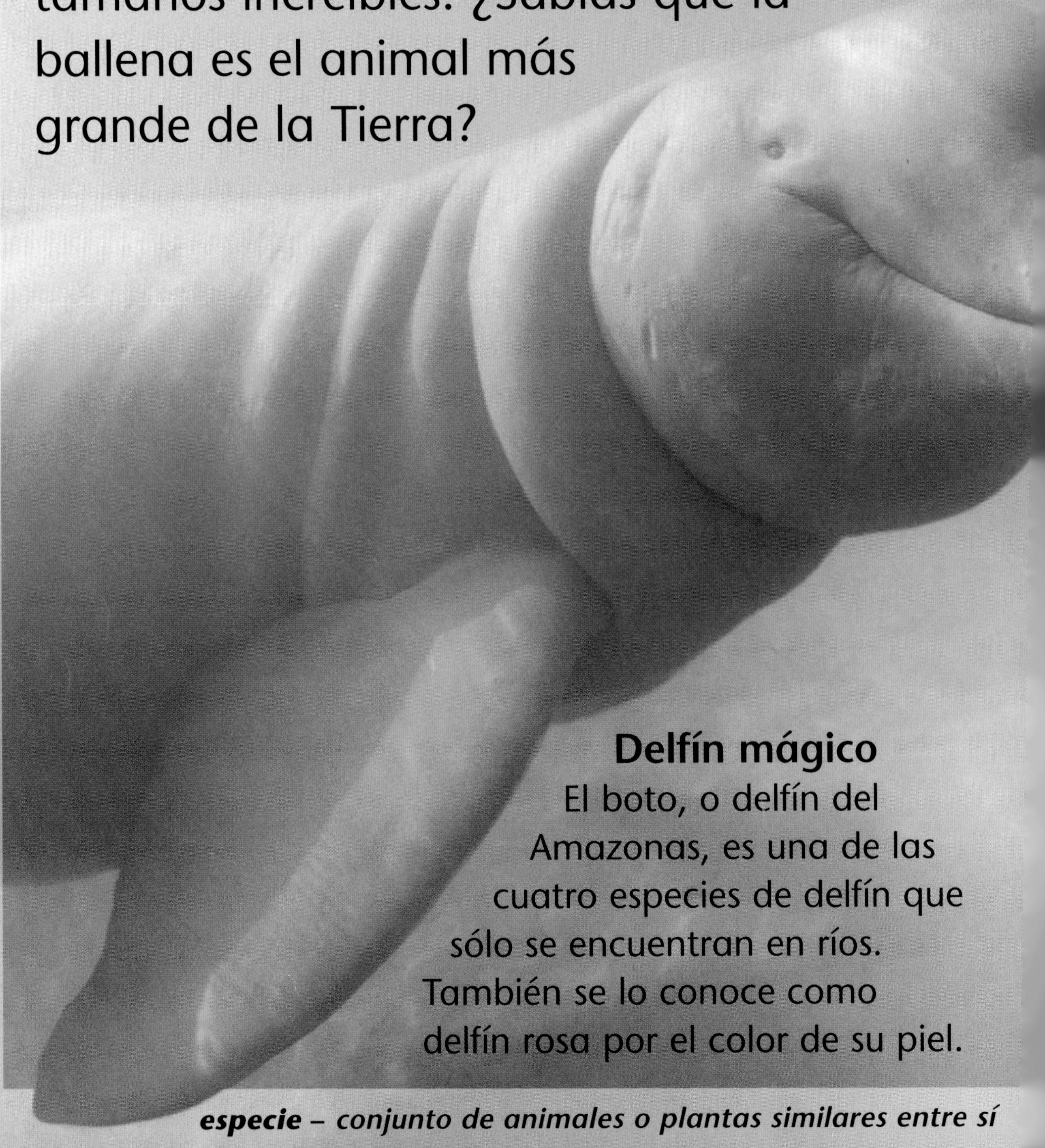

Delfín mágico

El boto, o delfín del Amazonas, es una de las cuatro especies de delfín que sólo se encuentran en ríos. También se lo conoce como delfín rosa por el color de su piel.

especie *– conjunto de animales o plantas similares entre sí*

;igante marino

La ballena azul es el mamífero más grande del mundo. Puede pesar 190 toneladas –lo que 32 elefantes. ¡El corazón de una ballena así es del tamaño de un coche!

ballena azul

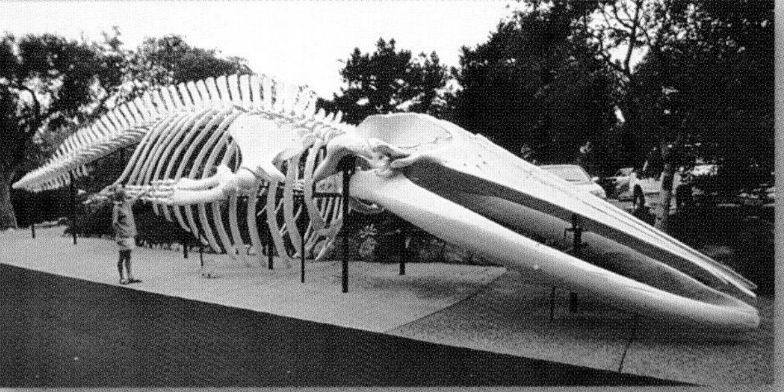

esqueleto de una ballena azul

Unicornio acuático

El narval macho tiene un colmillo que puede medir tres metros. Los mitos del unicornio pueden haberse basado en el colmillo del narval.

nicornio *– ser mítico, con forma de caballo y un gran cuerno*

Ballenas primitivas

Cuando desaparecieron los dinosaurios, los mamíferos surgieron en muy diversos lugares. Así fue como llegaron ballenas y delfines al océano.

Desenterrando el pasado

Sabemos de la existencia de los cetáceos antiguos por los fósiles y huesos que quedaron de ellos, como este cráneo de delfín.

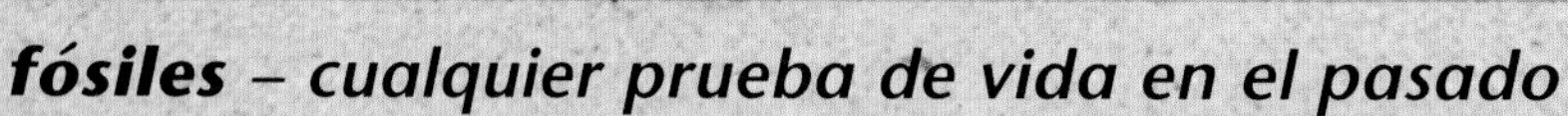

***fósiles** – cualquier prueba de vida en el pasado*

Primos herbívoros

Vacas, corderos, ballenas y delfines comparten el mismo antepasado: un mamífero terrestre que comía hierba.

Ballena antigua

El *Basilosaurus* vivió hace 40 millones de años. Los mamíferos que se trasladaron al mar adaptaron su forma para vivir en el agua.

***antepasado** – animal del cual provienen otros animales*

Para nadar

La forma suave y alargada de los cetáceos les facilita la natación. Lo salobre del agua de mar permite que las cosas pesadas se mantengan a flote, por lo que las ballenas pueden llegar a ser enormes.

Poderío

En vez de aleta caudal, los cetáceos tienen extremidades muy fuertes con dos remos planos o aletas de cola. Los delfines pico de botella pueden sostenerse erguidos con la cola.

***flotante** – que se mantiene sobre el agua*

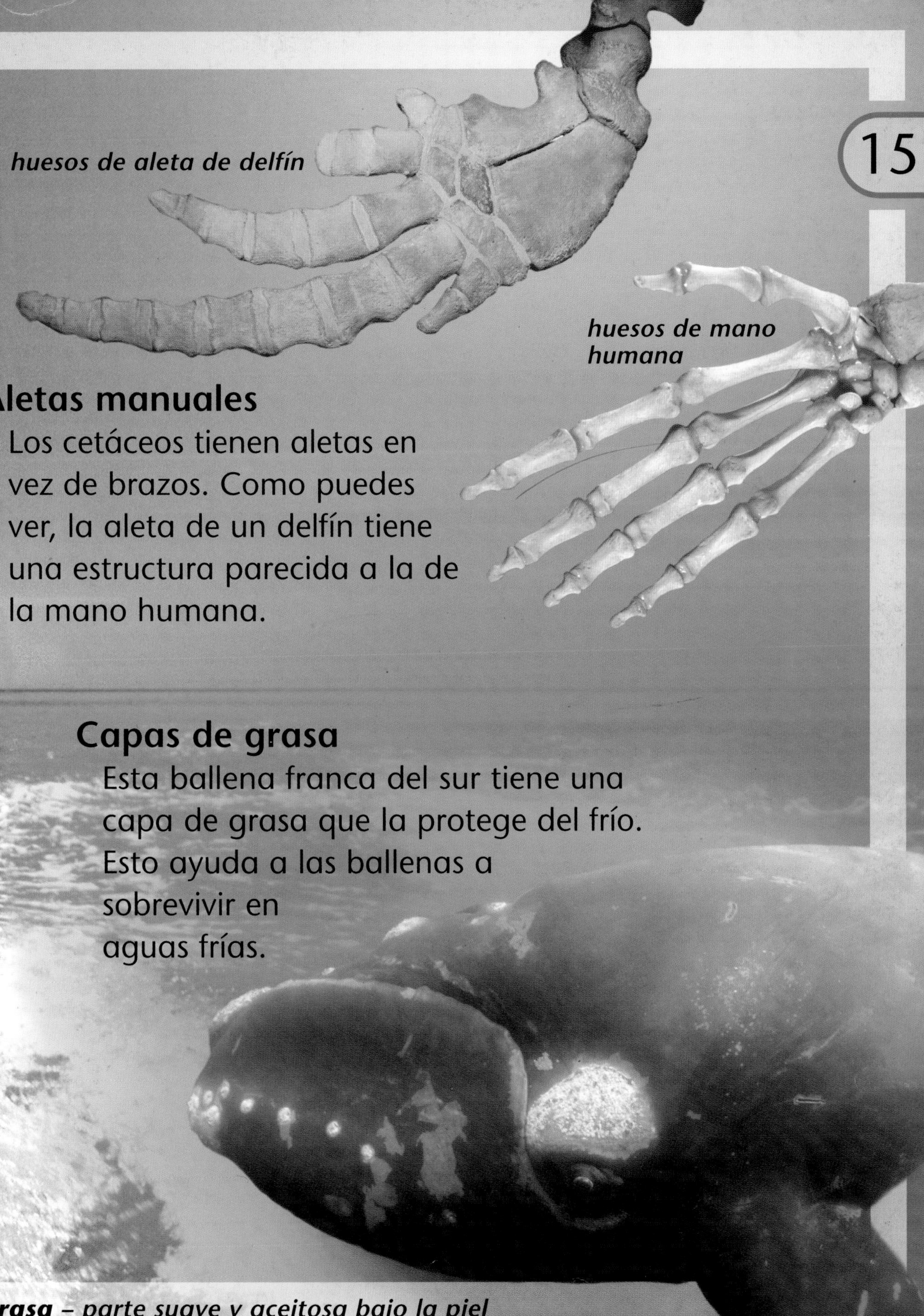

Aletas manuales

Los cetáceos tienen aletas en vez de brazos. Como puedes ver, la aleta de un delfín tiene una estructura parecida a la de la mano humana.

Capas de grasa

Esta ballena franca del sur tiene una capa de grasa que la protege del frío. Esto ayuda a las ballenas a sobrevivir en aguas frías.

***grasa** – parte suave y aceitosa bajo la piel*

Emergen por el aire

Como otros mamíferos, las ballenas y los delfines tienen pulmones. Esto implica que suban a la superficie a respirar.

A lo profundo

La mayoría de las ballenas puede permanecer bajo el agua durante media hora antes de tener que subir a respirar. Toman el aire por el espiráculo de su cabeza.

pulmones* – *órganos del cuerpo que se usan para respirar

Soplando alto

Muchas ballenas, como esta ballena azul, tienen dos espiráculos. Cuando se sumergen los cierran para que no les entre agua.

No son iguales

Los delfines tienen un solo espiráculo. El 'chorro', que expulsan es diferente en cada especie de cetáceo.

***espiráculo** – conducto para respirar de delfines, ballenas y marsopas*

18 Filtran su alimento

Hay dos grupos de cetáceos: con dientes y sin ellos. A los que no tienen dientes se los conoce como ballenas con barbas, como la jorobada y la gris. Se alimentan filtrando pequeños animales marinos y pececitos del mar.

filtrar *– recolectar objetos pequeños que flotan en el agua*

¿Qué son las barbas?

Las ballenas que no tienen dientes cuentan con unas láminas rígidas con vellos que cuelgan de la mandíbula superior. Con ellas atrapan el alimento que filtran del agua.

Grandes comedores

Para comer suficiente, las jorobadas tragan grandes cantidades de agua, expandiendo los pliegues del cuello.

marino *– que pertenece al mar*

Cazadores listos

Todos los delfines, marsopas y más de la mitad de las ballenas, tienen dientes. Comen peces y criaturas marinas mayores, como el calamar.

Depredadores osados

La orca, llamada ballena asesina, es realmente un delfín grande. Su dieta incluye leones marinos y otros cetáceos.

***depredadores** – animales que cazan y comen a otros animales*

Grandes fauces

Los dientes de un delfín le sirven para sujetar, no para masticar. Se tragan a la presa entera.

Trabajo en equipo

Los delfines nariz de botella cazan en grupo. Acorralan a los peces, a veces conduciéndolos a tierra, y luego se vuelven saliéndose parcialmente fuera del agua para pescarlos.

presa *– animales que son devorados por otros animales*

Sentidos submarinos

Las ballenas y los delfines usan el oído, la vista y el tacto para entender su mundo. También tienen un sentido especial: la ecolocalización.

Tapones para oídos

La ballena jorobada no tiene orejas como nosotros, sino un orificio pequeño a cada lado de la cabeza taponado con cera que impide el paso del agua.

***cera** – material graso que protege el oído*

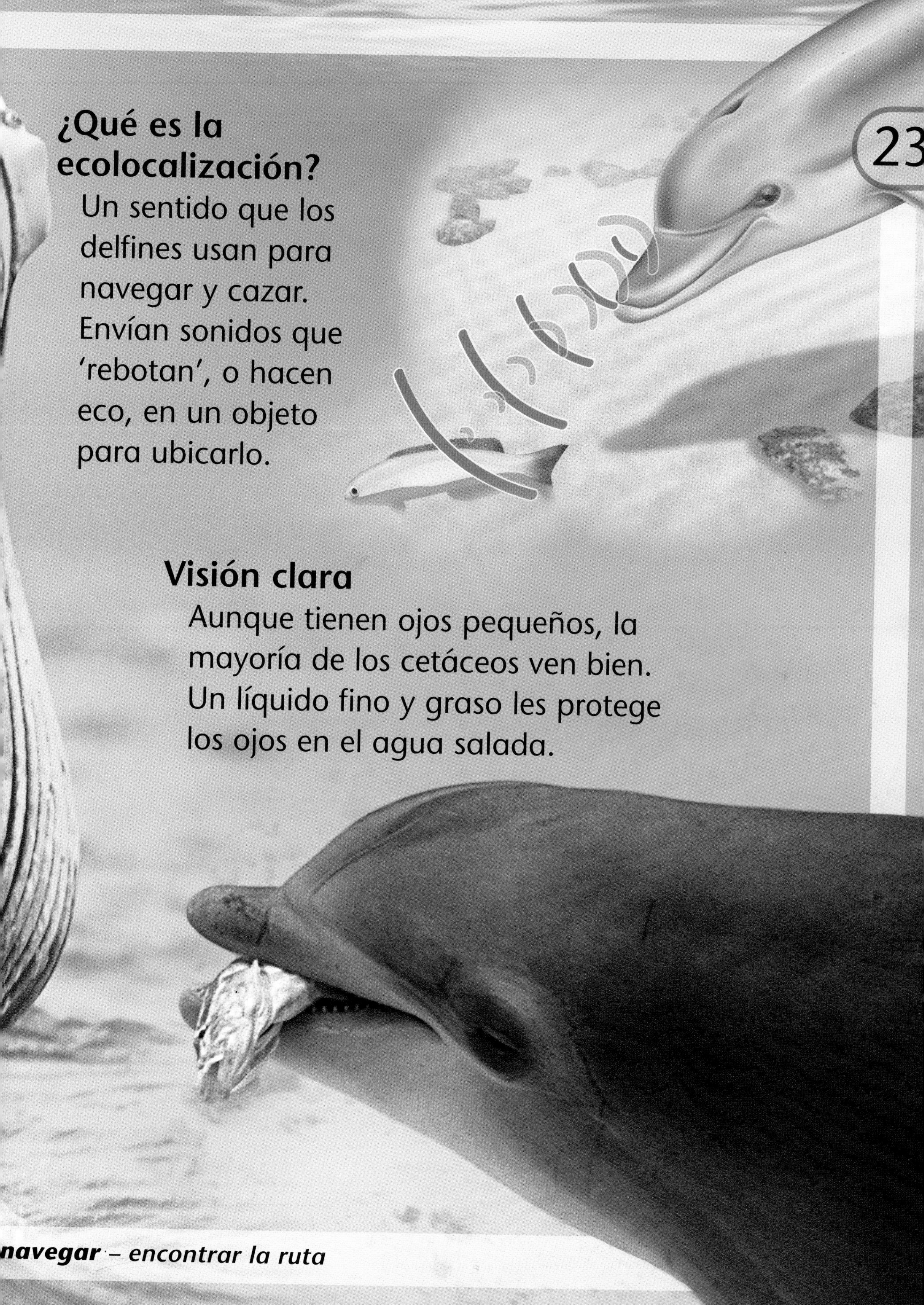

¿Qué es la ecolocalización?

Un sentido que los delfines usan para navegar y cazar. Envían sonidos que 'rebotan', o hacen eco, en un objeto para ubicarlo.

Visión clara

Aunque tienen ojos pequeños, la mayoría de los cetáceos ven bien. Un líquido fino y graso les protege los ojos en el agua salada.

***navegar** – encontrar la ruta*

Canciones del mar

Los cetáceos se comunican por sonidos. Las ballenas emiten desde bramidos hasta balbuceos. Los delfines silban, chasquean y chirrían.

Vecinos ruidosos

Los delfines producen sonidos diferentes por diversas razones. Chasquear la mandíbula o abrir y cerrar de golpe la boca, puede indicar pelea a la vista.

***comunicarse** – enviar un mensaje a otro*

La canción de moda

La ballena jorobada canta en patrones de notas y sonidos que duran hasta media hora.

Poder mental

Los delfines tienen un cerebro grande respecto de su cuerpo. Aprenden pronto y pueden entender frases sencillas.

cerebro *– parte interna de la cabeza con que se piensa y aprende*

26 Jugando con las olas

Los cetáceos hacen toda clase de piruetas, desde palmear con sus aletas y colas en la superficie hasta girar en el aire.

Acróbatas

Los delfines negros son, entre los delfines, los mayores acróbatas. Ejecutan soberbios brincos y saltos mortales.

acrobacias *– hacer movimientos hábiles y difíciles*

¿Quién anda ahí?

Las orcas exploradoras sostienen la cabeza fuera del agua para detectar pingüinos y focas en el hielo.

Impresionante

A las ballenas les gusta saltar fuera del agua. Se ha visto a ballenas jorobadas saltar hasta 100 veces, una y otra vez.

28

De vuelta a **casa**

Las ballenas viajan, o migran, entre los mares fríos en verano que son ricos en alimento, y los cálidos en el invierno, donde están sus familias.

Poseen el récord

La ballena jorobada y la gris son las que más viajan. Nadan hasta 16.000 kilómetros en un año.

lugar de unión *– donde se encuentran las nuevas parejas y procrean*

Sol de invierno

Un grupo de ballenas grises viaja de Alaska a México para tener a sus crías. En California nadan entre bosques de algas marinas.

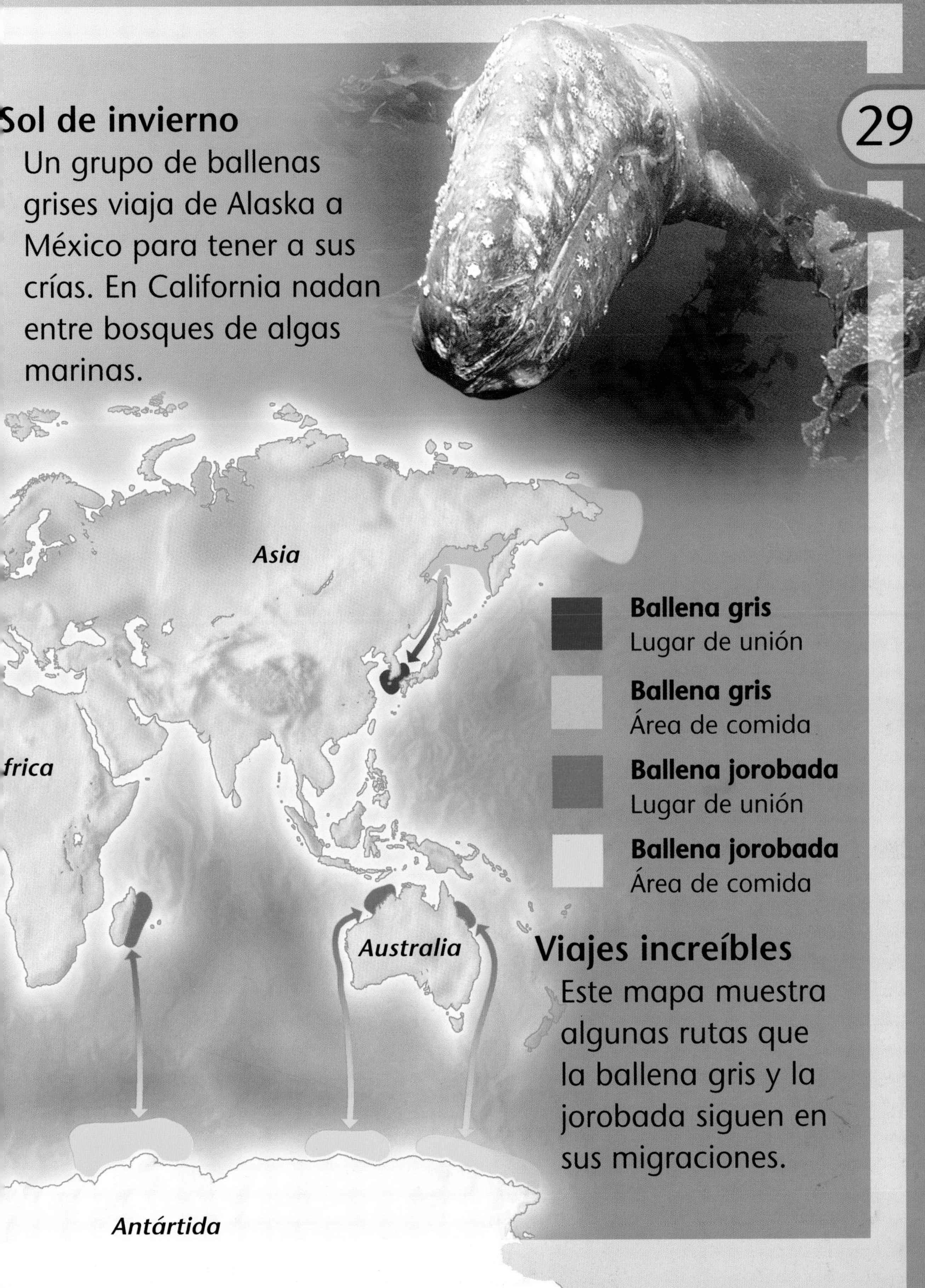

Viajes increíbles

Este mapa muestra algunas rutas que la ballena gris y la jorobada siguen en sus migraciones.

Vidas nuevas

Los bebés de ballenas (o ballenatos) y de delfines nadan desde que nacen, pero tardan mucho tiempo en llegar a adultos.

Bebés gigantes

Una cría de ballena jorobada puede medir, al nacer, hasta un tercio de lo que mide su madre. Ésta lo amamantará 11 meses.

***embarazo** – tiempo en que un bebé crece dentro de la madre*

Largo embarazo

El embarazo de la hembra del delfín puede durar un año. Sin embargo, el nacimiento se produce en menos de una hora.

Siempre juntos

Las madres permanecen cerca de sus crías para protegerlas de los depredadores.

Animales sociales

El grupo de cetáceos se llama manada. Muchas manadas son familiares, mientras que otras se reúnen para alimentarse o proteger a las crías.

Lazos familiares

Todos los miembros de una manada de orcas provienen de una madre o abuela original. Suelen mantenerse unidas toda la vida.

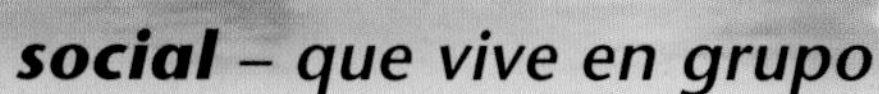

social *– que vive en grupo*

Nacidos para ganar

Los machos adultos suelen viajar juntos. Los narvales machos entrechocan sus colmillos para decidir el derecho a una hembra.

Quisquillosos

Las manadas de delfines moteados del Atlántico suelen constar de 10 miembros. En estos grupos se tratan amistosamente.

***ariente** – miembro de la misma familia*

Haciendo amigos

Siempre hemos visto a los delfines como criaturas amistosas; en otros tiempos, a las ballenas se las vio como monstruos, y ahora los queremos proteger.

Amigos acuáticos

Nadar con delfines se ha vuelto muy popular para niños y adultos. Incluso, en el mar los delfines ayudan a gente en apuros.

popular *– que le gusta a mucha gente*

Lazos antiguos

Esta pintura de delfines está en una pared del palacio de Knosos en la isla griega de Creta. Tiene 3.500 años.

Grandes relatos

Hay muchas historias de ballenas gigantes. En la Biblia, a Jonás se lo traga una ballena y sobrevive.

Peligros humanos

Algunas cosas que hacemos dañan a los cetáceos. Durante siglos se han cazado ballenas por su carne, barbas y grasa. Ahora hay, además, redes de pesca y contaminación.

Bajo amenaza

El río Yangtze, en China, es el hogar del baiji. Este delfín está en peligro de extinción por la alta contaminación del río.

Rescate de una ballena

Muchos delfines y ballenas caen en redes de pesca y pueden morir. A esta ballena enredada la libera un buzo.

en peligro de extinción *– en peligro de desaparecer*

Prohibición de caza

La caza de ballenas ha matado a millones de cetáceos. La mayoría de los países está de acuerdo en detenerla.

Más conocimiento

Cuanto más descubrimos sobre las ballenas y los delfines, más admirables resultan. Es importante que sepamos todo lo posible acerca de ellos para poder protegerlos mejor.

Cómo los podemos conocer

Los investigadores pueden identificar individualmente a los delfines de Risso por sus estrías. Cada delfín es diferente.

***estrías** – marcas en la piel*

Rastreado por satélite

¡Ahora los cetáceos pueden ser rastreados desde el espacio! El detector de esta beluga le envía información al satélite, que puede determinar su ubicación.

***satélite** – nave espacial que viaja alrededor de la Tierra*

Ver para saber

Hay muchas oportunidades de ver ballenas, delfines y marsopas en su hábitat en todo el mundo, de Irlanda al Caribe y de Canadá a Australia.

Vagan libremente

Actualmente hay varios santuarios de cetáceos. Se espera que en el futuro haya muchos más.

santuarios *– lugares seguros protegidos del daño humano*

Cerca de la playa

Muchas especies, entre ellas las de los delfines, se acercan a las costas. Con unos prismáticos –y paciencia– puedes verlas.

Vistas emocionantes

Hay viajes especiales en barca que ofrecen vistas grandiosas. En ellos cuidan de no molestar a los animales.

costa *– donde la tierra se encuentra con el mar*

Móvil de delfines

Danzarines

Cuelga este móvil en tu habitación y tendrás delfines danzando ante tus ojos. Si lo haces con papeles brillantes reflejarán la luz.

Materiales

- Lápiz
- Papel de dibujo
- Cartulina delgada
- Tijeras
- Plastilina
- Compás
- Papel metálico
- Pegamento
- Regla
- Lazos
- Cartulina gruesa (30 x 30 cm)

modelo de delfín

Decora cada delfín con papel brillante o metálico

1

Delinea el modelo y copia la forma en la cartulina delgada. Dibuja cinco delfines. Luego, recórtalos con tijeras.

2

Pon un poco de plastilina bajo la aleta superior de cada delfín. Con un compás, haz un agujero en cada aleta como se muestra.

Con una regla, traza una línea de arriba hacia abajo en cada esquina y de izquierda a derecha en la cartulina gruesa. Corta los triángulos resultantes y decóralos.

Corta una muesca de arriba hacia abajo hasta la mitad de un triángulo. Haz lo mismo con el otro triángulo. Haz agujeros en las puntas de cada triángulo.

Une los triángulos por las ranuras para hacer el colgante. Haz agujeros donde se unen los triángulos, uno arriba y otro abajo.

Con los lazos, une los delfines al colgante y anúdalos. Pasa un lazo por el agujero superior del colgante para hacer un nudo. Ya puedes colgar tu móvil de delfines.

móvil de delfines

Marcalibros ballena

Criaturas inteligentes

Los cetáceos son de los animales más inteligentes. Haz separadores de lectura en forma de cetáceos para indicar por dónde vas en tus libros.

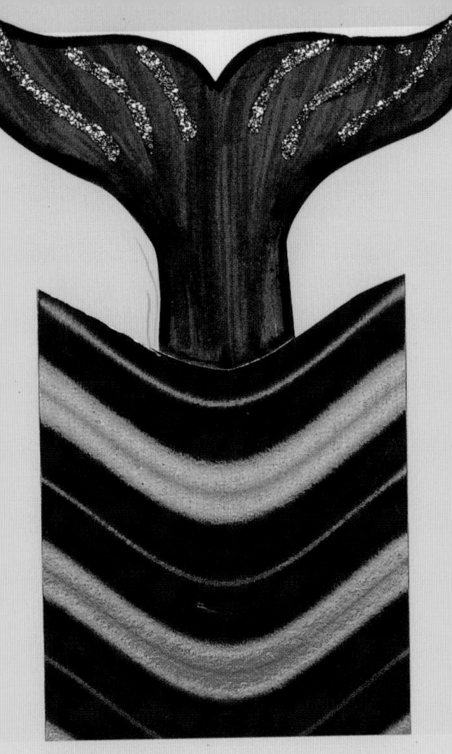

Mide un rectángulo de 6 x 15 cm. Dibuja la cola de una ballena en un extremo. Dibuja olas donde la cola se hunde en el mar.

Materiales

- Cartulina
- Regla
- Lápiz
- Tijeras
- Papel con motivos azules
- Pegamento
- Rotuladores

Corta el marcador, recortando con cuidado alrededor del dibujo de la cola de ballena y de las olas.

Pega el papel con motivos azules a ambos lados del marcador, para hacer el mar y colorea la cola.

¿Cómo flota?

Prueba de flotación

Cuando pones varias cosas en el agua, unas flotan y otras se hunden. Las ballenas y los delfines necesitan emerger para tomar aire, por lo tanto deben poder flotar para no hundirse hasta el fondo.

Materiales

- Recipiente transparente
- Agua
- Una manzana
- Una piedra
- Un corcho
- Un cubo de hielo

1 Piensa en una manzana, una piedra, un corcho y un cubo de hielo. ¿Se hundirán o flotarán?

2 Pon estas cosas una por una en un recipiente con agua. ¿Sabes cuál flotará y cuál no?

Póster de ballena

Gigantes del mar

Las ballenas azules son los animales más grandes de la Tierra. Miden hasta 33 metros. Este proyecto te dará una idea de lo grandes que son.

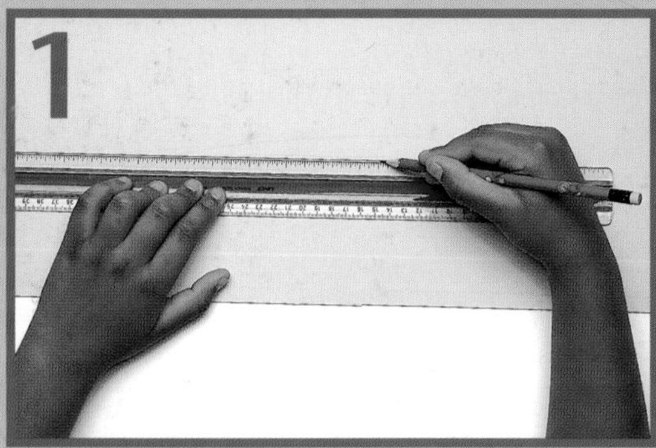

1

Con una regla, mide y marca un espacio de 30 cm y luego otro de 2 cm; uno de 8 cm, otro de 2 cm y, al final, uno de 6 cm.

Materiales

- Cartulina (66 x 30cm)
- Regla
- Lápiz
- Pinturas
- Pincel
- Papel china verde, azul, rojo
- Pegamento
- Algodón
- Tijeras
- Papel de regalo

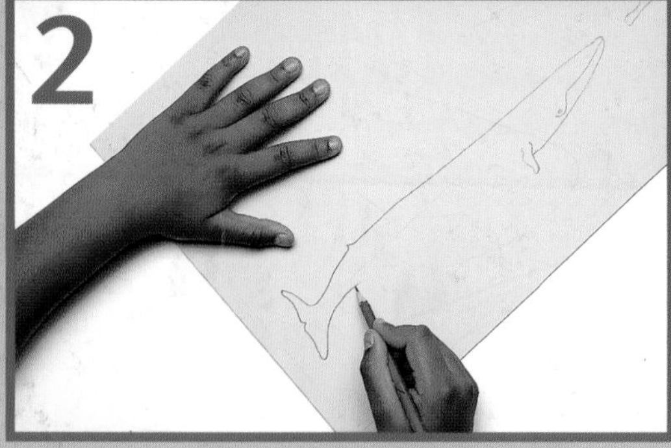

2

En el espacio de los 30 cm dibuja una ballena azul de la cabeza a la cola. Luego, en el de 8 cm dibuja una orca y en el de 6 un elefante.

3

Pinta la ballena azul, la orca y el elefante, copiando los colores y marcas que puedes ver en el cuadro de la página siguiente.

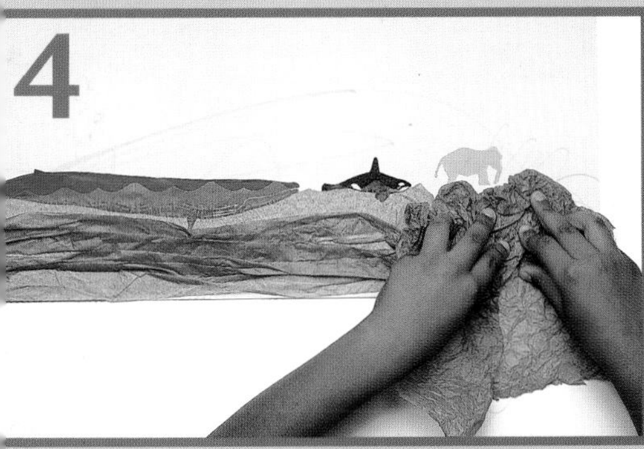

Decora el cuadro con tiras de papel de china: verde para la tierra bajo el elefante y azul para el mar de la orca y la ballena.

Pega el algodón para hacer las nubes. Recorta luego un círculo y 8 tiras de papel de regalo, y pégalo para formar el sol.

Para terminar tu cuadro, enrolla un papel de china y pégaselo alrededor a modo de marco. ¡Fíjate en el tamaño que tiene la ballena!

Índice